TITAN

Collection dirigée par
Stéphanie Durand

Du même auteur chez Québec Amérique

Jeunesse

Les Soleils bleus de Centralie, coll. Gulliver, Montréal, 2009.
Sous le soleil de Port-au-Prince, coll. Gulliver, Montréal, 2007.
Aux portes de l'Orientie, coll. Gulliver, Montréal, 2005.
- **Prix du Salon international du livre de Québec 2006**

Adulte

Terres amères, coll. Mains Libres, Montréal, 2009.
La Cadillac blanche de Bernard Pivot, coll. Mains Libres, Montréal, 2006.
- **Prix littéraire Ville de Québec – Salon international du livre de Québec 2006**

Le Joueur de quilles, coll. Littérature d'Amérique, Montréal, 2004.
Le Fils perdu, coll. Littérature d'Amérique, Montréal, 1999.
Le Dernier Lit, coll. Littérature d'Amérique, Montréal, 1998.
Fou-Bar, coll. Littérature d'Amérique, Montréal, 1997.

Le Solo d'André

Catalogage avant publication de Bibliothèque et Archives nationales du Québec et Bibliothèque et Archives Canada

Beaulieu, Alain
Le Solo d'André
(Titan jeunesse ; 50)
ISBN 978-2-7644-0151-4
I. Titre. II. Collection.
PS8553.E221S64 2002 jC843'.54 C2002-940107-0
PS9553.E221S64 2002
PZ23.B42So 2002

Conseil des Arts du Canada — Canada Council for the Arts
SODEC Québec

Nous reconnaissons l'aide financière du gouvernement du Canada par l'entremise du Fonds du livre du Canada pour nos activités d'édition.

Gouvernement du Québec – Programme de crédit d'impôt pour l'édition de livres – Gestion SODEC.

Les Éditions Québec Amérique bénéficient du programme de subvention globale du Conseil des Arts du Canada. Elles tiennent également à remercier la SODEC pour son appui financier.

Nous remercions le gouvernement du Canada de son soutien financier pour nos activités de traduction dans le cadre du Programme national de traduction pour l'édition du livre.Québec Amérique

329, rue de la Commune Ouest, 3e étage
Montréal (Québec) H2Y 2E1
Téléphone : 514 499-3000, télécopieur : 514 499-3010

Dépôt légal : 2e trimestre 2002
Bibliothèque nationale du Québec
Bibliothèque nationale du Canada

Révision linguistique : Diane Martin
Mise en pages : Andréa Joseph [pagexpress@videotron.ca]
Conception graphique : Isabelle Lépine
Illustration de la couverture : Sylvain Tremblay
Réimpression : octobre 2011

www.quebec-amerique.com

Imprimé au Canada

ALAIN BEAULIEU

Le Solo d'André

Québec Amérique

pour Évelyne,
ma « préférée de la vie »

Le frère de ma mère est mort dans un accident de voiture. Il avait seize ans. Ma mère en avait douze. Et, encore aujourd'hui, elle est incapable de penser à lui sans se mettre à pleurer.

Il suffit parfois d'un rien – un mot, une chanson, une odeur – pour que les écluses s'ouvrent toutes grandes.

L'autre jour, par exemple, je lui ai juste dit que j'étais allé flâner dans le vestibule du secrétariat, que j'y avais épluché le répertoire des élèves et constaté avec surprise que je suis le seul André de toute mon école.

Le déluge !

J'avais oublié que c'est pour honorer la mémoire de son frère que ma mère m'a donné ce prénom-là. Une promesse qu'elle s'était faite.

Après un moment, elle s'est ressaisie, elle m'a embrassé sur la joue et elle m'a dit : « Y a tellement de Simon, de William, de Charles et de Jean-Sébastien qu'André, c'est plutôt original, non ? »

Elle n'a pas compris qu'à quinze ans on n'a pas nécessairement le goût d'être « original ». C'est vrai qu'à travers les Myrtille, les Dieudonné et les Caillou (il faut le faire !), je préfère encore André.

Mais depuis que le grand niaiseux de Dupuis s'est mis à m'appeler Dédé, tout le monde en a pris l'habitude.

Dédé Desgagnés. On dirait quelqu'un qui bégaye. Dédé Desgagnés. Ça sonne comme une bouteille de verre qui tombe sur l'asphalte et qui rebondit une ou deux fois avant de se casser. Ou comme un gars qui déboule un escalier. Dédé Desgagnés.

Je n'ai pas beaucoup d'amis. Il y a bien Antoine, mais lui, ça ne compte pas, c'est mon voisin. On se connaît depuis qu'on est bébés. Même avec lui, ce n'est plus pareil. Il me trouve « rejet » parce que je ne fume pas. C'est pas ma faute, chaque fois que j'ai essayé, je me suis étouffé. En plus, ça pue !

Au primaire, on revenait de l'école ensemble. Mais au début du secondaire, il s'est mis à fumer dans la ruelle avec les frères Bélanger, le grand Dupuis et Phong Twin Ly.

Quand Dupuis volait un paquet de petits cigares à sa mère, ils étaient là-dessus pendant trois jours.

Je leur ai demandé si je pouvais les suivre, même si je ne fume pas. Ils ont dit : « Si tu viens, tu fumes ! » Bon.

Mon autre amie s'appelle Alice. Sa mère est une amie de la mienne. Il y a quelques années, quand Alice venait chez moi, on avait beaucoup de plaisir. Maintenant, c'est à peine si on se regarde. On ne sait pas trop pourquoi, mais c'est comme ça. Elle a ses amies, une bande de filles tissée serré. Une forteresse imprenable. De toute manière, même si elle m'invitait, je ne me tiendrais jamais avec sa gang. Des plans pour que tous les gars de ma classe me traitent de *jerk*.

À l'école, les filles restent avec les filles et les garçons, avec les garçons. Et quand ça se mélange, c'est pour se chicaner. Moi qui pensais qu'au secondaire ce serait différent. Pas du tout, du moins pas avant le secondaire trois. Là, des petits couples commencent à se former. Y a même une fille de ma classe qui est enceinte. J'ai hâte de me faire une blonde, mais je ne voudrais pas être à la place de Samuel. Père à quinze ans !

Parce que je suis plutôt timide, je préfère me tenir avec les gars, même si je les trouve souvent colons, énervés, idiots et menaçants.

Le grand Dupuis, par exemple. Quand il me voit, il me donne toujours des taloches. Rien de grave, un coup de poing sur l'épaule, un coup de coude dans le ventre, une claque derrière la tête. Mais ça devient fatigant à la longue. Quand je me fâche, ça l'excite et il m'écœure encore plus. Alors je le laisse faire.

Si au moins j'avais un grand frère pour me défendre. Mais non. Ni père ni grand frère. Et ma mère ne se mêle jamais de mes histoires. Elle a bien d'autres chats à fouetter, qu'elle dit. Avec son boulot et notre logement à entretenir, c'est vrai qu'elle est pas mal occupée. Surtout depuis que son Marcel rôde autour d'elle.

Je ne sais pas pourquoi, mais il ne m'inspire pas confiance, celui-là. Il a un petit quelque chose de malhonnête dans le regard. C'est peut-être son sourire épais qui ne me revient pas. Je ne le trouve pas clair, ce gars-là. On dirait toujours qu'il cache quelque chose derrière son dos et que ce n'est pas un bouquet de fleurs.

Quand il vient chez nous, j'ai souvent l'impression de le déranger. C'est le genre à faire tout ce qu'il peut pour prendre le plus de place possible. Il parle fort, il rit fort, il rote fort. Et, en plus, il est fort !

L'autre jour, je l'ai vu déplacer le frigo tout seul pour que ma mère puisse laver le plancher. On aurait dit qu'il se promenait avec un sac d'épicerie. Il a quasiment fait trois fois le tour de la cuisine avec le frigo dans les bras juste pour m'impressionner. Et je l'ai été.

J'ai compris ce jour-là que Marcel me voyait comme un compétiteur, celui qui l'empêchait d'être plus souvent avec sa blonde, ma mère, et qu'il était prêt à régler ça par la force s'il le fallait. Comme je ne suis pas de taille, je me suis effacé et je lui ai laissé toute la place.

Il s'est installé chez nous le mois dernier. Depuis ce temps-là, c'est l'enfer à la maison. Monsieur fait la loi.

Nos vies sont réglées comme dans l'armée, avec une heure pour chaque chose, souper à dix-sept heures trente, devoirs à dix-huit heures avec interdiction de lever le nez de nos cahiers avant dix-neuf heures. Puis collation, brossage des dents, bain et dodo à vingt heures au plus tard pour mon petit frère de sept ans. Marcel n'a pas encore osé m'imposer un couvre-feu, mais je sens que ça s'en vient.

Maman dit qu'il nous apporte la discipline qui nous manquait, à mon petit frère et à moi, pour devenir de bonnes personnes. Moi, je dis que c'est un gros con.

Mais je le dis tout bas pour qu'il n'entende pas. Car si Marcel ne m'a jamais touché, c'est juste parce que je ne l'ai jamais contredit. Je sais que le jour où je vais riposter, le gros coco n'hésitera pas à m'en saprer une sur le nez.

Moi, j'y peux rien. C'est ma mère qui ne devrait pas sortir avec un gars comme ça. Je ne vois vraiment pas ce qu'elle lui trouve. J'imagine qu'il est plus gentil avec elle. Il est toujours en train d'essayer de l'embrasser. Moi, à la longue, ça finirait par m'énerver. Mais elle, on dirait que ça lui fait plaisir.

Souvent, la nuit, mon petit frère se met à brailler. Quand je lui demande ce qui ne va pas, il se lève et vient se coucher dans mon lit.

Collant, je te dis...

J'ai à peine le temps de me retourner qu'il s'est déjà rendormi. Je me confectionne une barrière avec les couvertures parce que j'aime pas ça dormir avec mon frère. Ça fait « twitt ». Mais quand je le repousse, il chiale jusqu'au matin, sans dire pourquoi.

Je pense qu'il a peur de Marcel. Il en a parlé à maman l'autre jour, mais avec elle, on ne s'éternise pas en palabres inutiles. « Va falloir t'y habituer, mon pit, parce que Marcel est ici pour la vie. »

C'est ce qu'elle a dit : Pour la vie !

Depuis ce jour-là, le petit braille toutes les nuits, et je me lève le matin plus fatigué que la veille. C'est pas normal. Il va falloir que ça change avant que je tombe malade.

Si Marcel nous laissait un soir de répit, j'en profiterais pour en parler à maman, mais il est toujours là. La plupart du temps dans le salon, avachi sur le divan, capable d'échapper vingt « Oh ! Eh ! Awoye ! » à la minute en écoutant ses parties de football.

Heureusement, il y a Mylène. Mylène Tremblay, mon professeur de guitare. Une soie.

Quand j'en ai trop sur le cœur, c'est elle qui me console. Elle me dit d'être patient, qu'un jour je pourrai me libérer de tout ça et fouler ma propre route. Puis elle me parle de la musique qui soulage bien des maux, surtout ceux qui sont difficiles à guérir, les maladies du cœur, de l'amour.

Un jour, Mylène m'a raconté que la musique lui avait sauvé la vie. Je n'ai pas compris comment ni pourquoi, mais elle m'a juré que, si elle n'avait pas eu la musique pour lui permettre de surmonter ses épreuves, elle serait sans doute disparue aujourd'hui.

C'est à partir de ce jour-là que je me suis mis à jouer de plus en plus, jusqu'à me faire une bonne croûte de corne sur les doigts.

Il ne faut pas le dire, mais je suis le seul de ses élèves qui ne paie pas ses leçons. C'est que, après la première session, ma mère n'avait plus d'argent pour payer les cours. Mylène a accepté de m'enseigner quand même. « À cause de ton talent », qu'elle a dit.

Il paraît que je ne suis pas mauvais. Mylène dit même que je suis très bon, qu'elle n'a jamais rencontré un jeune aussi doué, que c'est rare et que ce serait un crime de ne pas continuer.

Alors pour moi, c'est gratuit ! À la condition que je travaille fort.

Avant que Marcel débarque dans nos vies, je jouais sans arrêt. J'apportais ma guitare à la maison et je passais mes soirées à enfiler des accords et des arpèges. Et Mylène applaudissait quand je lui faisais écouter mes progrès.

Maintenant, je répète à peine deux heures par jour, toujours à l'école. Le midi et parfois en fin de journée.

Marcel n'aime pas la guitare, alors je la laisse dans mon casier. Et pour expliquer mes absences du mardi soir, je dis que je suis des cours de rattrapage scolaire.

Marcel ne sait pas que j'aime la musique. En fait, il ne sait rien de moi parce qu'il ne m'a jamais rien demandé. Y a qu'une chose qui l'intéresse, les chiffres que je vais réussir à aligner sur mon bulletin. Le reste, il s'en fiche. Souper, devoirs, bain, dodo. Voilà tout ce à quoi il pense quand il me voit, comme si j'avais encore dix ans ! Et plus vite ce sera fait, mieux ça ira.

Le jour où je rentrerai à la maison avec ma guitare, j'imagine que je peux dire adieu à mon instrument. En moins de dix minutes, je vais le retrouver cassé en deux dans la poubelle de métal du hangar.

Pour lui, tout ce qui risque de nous distraire de nos études est mauvais.

Marcel aime les équations simples: 1 + 1, ça donne 2. On ne mélange pas les pommes et les oranges. Quand un gars veut se changer les idées, il joue au hockey. Et s'il est capable de se battre une couple de fois dans la saison, c'est tant mieux.

Parce que la vie est un éternel combat qu'il vaut mieux gagner le plus souvent possible. Parce que les perdants ont toujours tort. Ça ne sert à rien d'avoir bien joué si tu n'as pas gagné.

Et ce qui fait gagner, c'est l'argent. Parce qu'avec de l'argent tu peux tout acheter. Pas de niaisage avec les arts et toutes ces bébelles-là. Les études, c'est primordial, pour avoir une profession, pour faire de l'argent, pour tout acheter. C'est simple, la vie, au fond: 1+1, ça donne toujours 2.

Mais dis donc, Marcel, pourquoi t'as pas étudié plus longtemps, toi, alors?

Je n'ai jamais osé le lui demander, parce que je devine que la réponse qu'il va me donner ne sera rien d'autre qu'un paquet de menteries.

▲ ▲ ▲

La lumière de ma chambre vient de s'éteindre et tu ne peux pas savoir le bien que ça me fait. Mon petit frère ronfle déjà. J'ai donc tout mon temps pour réfléchir à ce qui s'est passé aujourd'hui.

En fin d'après-midi, Mylène avait organisé pour tous ses élèves une visite guidée dans un studio d'enregistrement.

Un vrai.

La plupart des artistes connus ont enregistré là. Sur les murs, y avait des milliers de photos de chanteurs, de musiciens et de techniciens. Et pas seulement du monde de chez nous. Y avait une photo de Sting et une autre de Phil Collins.

Quand j'ai aperçu la bouille sympathique de Steve Ray Vaughan, je suis devenu tout excité. Ce gars-là jouait de la guitare comme un dieu. Je dis « jouait » parce qu'il est mort après un spectacle quand l'hélicoptère dans lequel il voyageait s'est écrasé. C'est mon idole. J'ai tous ses disques et je les écoute à répétition.

La régie à elle toute seule est grande comme notre logement au complet. Robert, un ingénieur du son, nous a expliqué la fonction de chaque machine. L'immense console occupe tout un mur de la pièce. Ce mur est vitré pour que le technicien puisse voir ce qui se passe dans le studio.

Entre deux explications, un autre type est entré et s'est assis sur le coin de la console. Il a écouté Robert un moment avec nous puis il s'est levé en frappant des mains.

— On va vous montrer ce que ça donne ! qu'il a dit. J'aurais besoin d'un bon guitariste.

— Ils sont tous excellents, a répondu Mylène avec un sourire.

— Ça me prend un volontaire. Je sais pas... toi, tiens, a-t-il fait en me montrant du doigt.

J'ai rougi aussitôt et j'ai reculé d'un pas.

— Vas-y, a dit Mylène. T'as qu'à nous jouer la suite que tu m'as interprétée hier soir.

— Viens ! a dit le gars en ouvrant la porte du studio.

Je l'ai suivi jusqu'au centre de la pièce où il a installé un tabouret et un micro sur pied.

— Choisis celle que tu veux, a-t-il ajouté en désignant la rangée de guitares le long du mur.

Y en avait bien une dizaine : Washburn, Yamaha, Takamine… J'aurais voulu toutes les essayer. Je me suis penché vers la Norman douze cordes et j'ai hésité un peu. Je n'ai pas l'habitude des douze cordes…

Comme je ne voulais pas faire rire de moi, j'ai opté pour la Sergé, une six cordes standard. J'ai glissé la bandoulière sur mon épaule, j'ai accordé l'instrument, j'ai gratté deux ou trois accords et je me suis assis sur le tabouret.

Le gars a ajusté le microphone devant la guitare et il m'a fixé une paire d'écouteurs sur les oreilles.

— Comment tu t'appelles ? m'a demandé le technicien à travers les écouteurs.

— André.

— OK, André. Le gars qui est avec toi s'appelle Bernard. Bon, es-tu prêt ?

— Un peu nerveux.

— Relaxe, c'est juste pour le plaisir. Pour commencer, on va faire un petit test de son. Donne-moi un bel accord de *mi* septième.

Je me suis exécuté.

— Joue-moi quelque chose, n'importe quoi. On n'enregistre pas encore.

J'y suis allé d'une variation sur le thème de *Summertime*, un standard de jazz. Pendant que je jouais, j'ai vu le technicien qui, de l'autre côté de la vitre, expliquait aux autres les ajustements qu'il effectuait sur la console.

Son ami Bernard est resté avec moi. Il s'est même assis dans un fauteuil pour m'écouter. Ça m'a intimidé.

— OK, André. On va faire une première prise de son. Tu nous joues ta pièce d'un trait. On corrigera les défauts par la suite s'il le faut.

J'avais les mains moites et mon cœur battait si fort que j'avais peur qu'on l'entende dans le micro.

— Ça tourne ! a lancé le technicien. Tu y vas quand tu veux !

Mylène m'a montré son pouce pour m'encourager. J'ai respiré profondément, j'ai fermé les yeux et je me suis laissé aller. Les notes et les accords se sont enchaînés tout doucement.

Il s'agissait maintenant d'un riff de blues parsemé d'accords que j'ai glanés ici et là chez mes idoles du jazz. Le mélange donne quelque chose de très doux, avec des notes qui s'étirent avant que d'autres se bousculent.

Après quelques secondes, ma nervosité s'en est allée et je me suis retrouvé dans le type d'état second dans lequel la musique me plonge parfois. Dans ces moments-là, tout s'efface autour de moi. Il ne reste que les sons. C'est comme si je m'élevais au-dessus du sol, emporté par la musique. J'ai l'impression de rêver. Je ne sens plus mes doigts, ni mes mains ni mon corps. Je deviens la musique, aussi léger qu'elle, imprenable, coupé du monde. Je suis à la fois là et ailleurs, infiniment bien.

J'ai joué comme ça pendant deux ou trois minutes, je ne sais plus, avant de plaquer mon accord final. J'ai ouvert les yeux et je les ai tous vus applaudir de l'autre côté de la vitre.

Toujours assis devant moi, Bernard me regardait sans bouger.

— Bravo, André ! m'a dit le technicien. T'es de la graine de champion, tu sais ? Viens nous rejoindre, je vais te faire entendre ça.

J'ai retiré mon casque d'écoute et je l'ai accroché au pied de micro. Bernard s'est enfin levé. Il m'a libéré de la Sergé et il l'a redéposée sur son support.

— Ça fait longtemps que tu suis des cours ?

— Presque trois ans, monsieur.

— Y a des musiciens dans ta famille ?

— Non, monsieur.

— De deux choses l'une, dit-il en levant un index vers moi. Ou bien t'es très doué ou bien tu répètes beaucoup. Parce que jouer comme tu joues après seulement trois ans de cours, c'est exceptionnel.

— Mylène dit que je suis bon, et c'est vrai que je joue le plus souvent possible. Mais là, depuis quelques semaines, c'est plus compliqué parce que... parce que...

— Parce que ?

— Ah ! C'est que ma mère s'est fait un nouveau copain et je pense qu'il aime pas beaucoup la musique.

— Y en a comme ça... a soufflé Bernard.

Dans la régie, l'atmosphère était survoltée. Tout le monde m'a félicité. Mylène m'a même embrassé sur le front devant les autres. J'étais rouge de gêne.

Le technicien a demandé le silence et il a fait jouer ma pièce. C'était la première fois que je m'entendais et j'avais la curieuse impression d'écouter quelqu'un d'autre.

C'était comme si la musique, une fois enregistrée, ne m'appartenait plus. Les notes roulaient les unes sur les autres comme des vagues. Tout était clair, limpide, frais.

J'avais exécuté mes riffs pratiquement sans fausse note. Le technicien a ajouté quelques effets pour nous transporter dans un lieu plus vaste que la régie, un champ de blé, une salle de spectacle...

Était-ce possible ? Était-ce bien moi qui avais joué ça ? C'était tellement... mieux. Plus grand. Plus juste. Plus poignant. Ce gars est un magicien du son, si bien que je me suis découvert meilleur que je ne l'ai jamais été. Y avait le studio, les machines, les effets, bien sûr. Mais c'était quand même moi qui jouais !

Le technicien nous a donné un aperçu de tout ce qu'il est possible de faire à partir de cet enregistrement en ajoutant de l'écho et toute une kyrielle de filtres sonores.

À un certain moment, la guitare sonnait comme un saxophone, puis comme une sirène de bateau. Les possibilités des machines numériques sont infinies. Je suis sorti de la régie tout étourdi.

On nous a fait visiter les autres pièces du studio – une salle de montage audio-vidéo, trois salles d'enregistrement plus petites disposées autour d'une régie centrale, une aire de détente avec une table de billard et deux consoles de jeux vidéo – et je rêvais déjà du jour où je viendrais y enregistrer mon premier disque.

Au moment où on allait partir, Bernard a attiré Mylène vers son bureau et ils ont jasé cinq bonnes minutes avant qu'elle nous rejoigne pour qu'on puisse s'en aller.

Dans la rue, je flottais sur un nuage. Je voyais déjà mon nom en grosses lettres sur la marquise du Spectrum : *En spectacle ce soir* ***Le André Desgagnés blues band***.

— Tu as échappé un *si* majeur qui sonnait plutôt mal, m'a dit Mylène pour me ramener sur le plancher des vaches. Fais attention à ça !

Je lui ai souri avec béatitude, comme si, pour quelques minutes encore, rien ne pouvait m'atteindre.

▲ ▲ ▲

Mylène habite un petit logement au troisième étage d'un vieil édifice. Les marches de l'escalier intérieur craquent sans bon sens. Pas moyen d'entrer là en cachette. La concierge, qui habite au premier, ouvre chaque fois sa porte pour me regarder monter.

La vieille chipie voudrait que Mylène s'en aille. Elle dit qu'il y a trop de va-et-vient dans son appartement. La folle s'est même plainte au propriétaire, monsieur Morales, un Italien du nord de la ville.

Mais monsieur Morales aime bien Mylène. Il lui a d'ailleurs confié sa fille, la petite Alicia, pour des leçons de piano.

Mylène est une surdouée de la musique. En plus de donner des cours particuliers de piano et de guitare, elle dirige une classe de violon à l'école primaire de son quartier. Bénévolement.

C'est pour ça qu'elle a un petit logement, Mylène. Parce qu'elle est trop gentille. Je le lui ai dit, l'autre jour. Elle s'est contentée de sourire.

— On n'est jamais trop gentil, qu'elle a répondu.

— Y en a qui exploitent les gens trop gentils.

— Les adultes sont parfois mesquins, tu as raison, mais les enfants n'ont jamais abusé de ma gentillesse. C'est pour ça que je continue de travailler avec eux, pour qu'ils aient l'occasion, pauvres ou riches, de goûter aux joies intimes que procure la musique.

J'ai bien aimé son choix de mots : les « joies intimes ». L'autre jour, elle m'a expliqué comment la musique permet de « sculpter des esprits sains ». Elle est convaincue que le cerveau travaille mieux grâce à l'apprentissage de la musique.

Elle est comme ça, Mylène. Très passionnée. Et plutôt passionnante. Si elle n'était pas si vieille... Elle vient d'avoir vingt-sept ans, t'imagines ?

▲ ▲ ▲

Quand je suis entré, il était là, assis dans un coin, une cigarette au bec. Il s'est levé pour me serrer la main.

— Salut ! Tu te souviens de moi ?

Comment l'oublier ? Bernard avait été le témoin privilégié de mon triomphe au studio d'enregistrement, la semaine précédente.

— Bien sûr.

J'interroge Mylène du regard pour savoir ce que ce type fait chez elle.

— Viens t'asseoir, dit-elle, on aimerait te parler.

Je dépose ma guitare, retire mon manteau et accepte la chaise qu'elle me présente. Nous voilà assis en demi-cercle. On dirait une réunion, quelque chose de solennel, comme s'ils allaient m'annoncer une mauvaise nouvelle.

Je me suis dit *ça y est, ces deux-là sont tombés amoureux et Mylène a décidé d'arrêter de donner ses cours pour aller travailler avec lui. Aucun autre professeur n'acceptera de me prendre gratuitement. Ce qui veut dire que c'est la fin de mon rêve...*

— Monsieur Gravel... dit Mylène en croisant les mains sur ses genoux.

— Bernard, corrige-t-il.

— Bernard, reprend-elle, est réalisateur de disques. Mais c'est aussi un excellent guitariste, peut-être le meilleur de la ville. Il a joué sur les albums de la plupart des artistes québécois. Tu sais, le solo du dernier succès de Michel Rivard que tu m'as interprété avant-hier, c'est lui qui l'a composé.

— C'est vrai ? dis-je en ouvrant les yeux. C'est tellement bon !

— Merci, dit-il avec un sourire.

— Surtout la passe où la clé tourne au *fa* majeur. C'est génial !

— OK, mets-en pas trop ! Tu vas me gêner.

— Bernard a une proposition à te faire, enchaîne Mylène.

Je me tourne vers lui et j'attends qu'il parle. Il tire une bouffée de sa cigarette et s'avance sur le bout de sa chaise.

— En fait, l'autre jour, au studio, tu nous as vraiment impressionnés. Y a quelque chose dans ton jeu, un *drive*, une sensibilité plutôt rare chez les gars de ton âge.

J'encaisse le compliment sans broncher. J'ai hâte de voir où il veut en venir.

— Déjà ce jour-là, j'ai pris mes renseignements sur toi. J'ai demandé à Mylène de me tenir au courant de tes progrès. Mais quand je suis rentré à la maison, je me suis dit : Bernard, tu viens de voir quelque chose d'exceptionnel. Tu peux pas laisser passer le train sans monter dedans. Alors…

Il hésite un moment puis regarde Mylène du coin de l'œil. Elle me sourit nerveusement, comme une petite fille qui vient de faire un mauvais coup.

— C'est à la fois une proposition et un souhait, ajoute-t-il. Je voudrais que tu deviennes mon élève. On se rencontrerait au studio aux mêmes heures que tes cours avec Mylène.

Je baisse un moment les yeux puis je me mordille les lèvres. Quitter Mylène, celle qui m'a tout donné…

Je me revois quand je suis entré ici pour la première fois. Je connaissais trois accords et demi que j'avais de la difficulté à aligner comme du monde. Mylène a une patience d'ange, même si elle est capable d'être exigeante quand il le faut. Avec elle, j'étais comme un enfant qui apprend à faire ses premiers pas. Elle m'a montré à marcher, puis à courir de mieux en mieux.

— Je sais pas trop quoi dire… ai-je marmonné.

Je ne m'attendais pas à ça. Cet appartement, c'est mon deuxième foyer. Et Mylène, c'est comme ma deuxième mère. Une grande sœur, plutôt. Je ne retrouverai jamais l'ambiance et la chaleur de ce logement-là au studio.

Mylène devine mon embarras. Elle se penche vers moi et pose une main sur mon genou.

— Écoute, André, dit-elle. Tout le monde sait dans le milieu que Bernard Gravel ne donne pas de cours. Ce gars-là reçoit des dizaines de demandes de stages par mois et il refuse à tout coup, pas vrai ?

— Je pourrais jouer à la diva, dit Bernard, mais pour être franc, c'est surtout parce que je n'ai pas le temps. Avec les sessions d'enregistrement, la réalisation de disques et la gestion du studio, mes journées sont déjà bien remplies.

— Tu vois ? reprend Mylène. Alors si Bernard Gravel t'offre de devenir son élève, tu ne peux pas dire non. C'est une chance inouïe, une occasion qui ne se représentera pas. Des guitaristes déjà fort connus rêvent de travailler avec lui. C'est une offre que tu ne peux pas refuser.

— Mais tu sais bien que... dis-je sans terminer ma phrase.

— Que... ?

— Que j'ai pas d'argent. Si vous êtes si en demande que ça, ajouté-je en me tournant vers Bernard, j'imagine que des cours avec vous, ça doit coûter une beurrée.

— Qui t'a parlé d'argent ? Je t'offre de venir travailler avec moi. Quand on va avoir des petits contrats à faire, un riff de guitare dans un *jingle* ou pour la bande sonore d'un vidéo corporatif, je vais t'engager. Tu me feras un bon prix. Ce sera ta manière de me rembourser.

Je n'arrive pas à y croire. On va me payer pour jouer de la guitare !

— À ton âge, poursuit Gravel sur le ton de la confidence, j'aurais bien aimé avoir la chance que tu as aujourd'hui. Tu sais, j'ai grandi dans le nord de la ville et mes parents non plus n'étaient pas très riches. Mon père passait ses journées à la taverne et... Baof ! Je te raconterai pas ma vie, mais je peux te dire que c'était pas toujours rigolo. J'ai quitté la maison à seize ans avec pour seul bagage un sac à dos rempli de vêtements, ma guitare et les cinquante piastres que ma mère avait glissées dans la poche de mon manteau en cachette de mon père. J'ai voyagé sur le pouce en dépensant le moins possible. Je couchais à la belle étoile et je mangeais des tartines de beurre d'arachide. Je me suis ramassé dans le sud des États-Unis. C'est là que j'ai réellement appris à jouer de la guitare, dans des bars malfamés où j'ai bu des rivières de bière. La vie n'était pas facile, André. J'ai rencontré les meilleurs guitaristes de la Louisiane à La Nouvelle-Orléans, mais j'étais quand même tout seul au monde. Je ne souhaite ça à personne. Ce que je t'offre, au fond, c'est pas compliqué. C'est le meilleur de ce que j'ai reçu sans le pire qui est venu avec.

Je fixe le plancher un moment puis je me tourne vers Mylène, qui hausse les sourcils en se demandant ce que j'attends pour sauter sur l'occasion.

— Ça commencerait quand ?

— Quand tu veux, répond Bernard.

Mes yeux s'accrochent au visage maternel de Mylène et mon regard s'embrouille.

— C'est pas triste, dit-elle en me caressant le dos. Au contraire. C'est un des plus beaux jours de ma vie, ajoute-t-elle sans rire.

Je ne vois pas pourquoi elle me dit ça.

— Merde, André ! s'emporte-t-elle. Tu fais exprès pour ne pas comprendre ce qui t'arrive ? Je t'ai pris comme élève y a trois ans. Tu savais à peine jouer, mais déjà on voyait que tu avais un talent fou. Je t'ai aidé à le développer. Aujourd'hui, t'as atteint un tel degré de perfectionnement que je ne peux plus grand-chose pour toi. Ce que Bernard t'offre, au fond, c'est un avenir dans la musique. Une carrière dans ce que tu aimes le plus au monde. Et tu vas dire non à ça parce que tu vas t'ennuyer de moi ? Voyons… ! S'il le faut, j'irai te voir toutes les semaines au studio, mais tu ne peux pas refuser, tu comprends ? TU NE PEUX PAS !

Je reste un moment figé sur ma chaise. C'est la première fois que j'entends Mylène hausser le ton. Mylène la tendre, Mylène la douce…

Je me lève et je présente ma main à Bernard.

— Si vous êtes d'accord, j'aimerais ça que Mylène puisse assister à mon premier cours.

— Je comprends ton hésitation, André. Mais je pense, en toute modestie, que tu fais une bonne affaire en acceptant mon invitation. Et Mylène est évidemment toujours la bienvenue dans notre studio.

▲ ▲ ▲

J'ai mis quelques jours avant de comprendre ce qui m'effrayait tant dans toute cette histoire-là. Mais je pense que j'ai enfin mis le doigt dessus.

Je me suis rendu compte que j'ai de la misère à *dealer* avec les gars plus vieux que moi. On dirait qu'ils me donnent tous un peu la chienne.

C'est peut-être parce que j'ai manqué de pratique. Avant Marcel, y a jamais eu de gars dans la maison. Je ne connais même pas le nom de mon père. Chaque fois que j'ai voulu en parler avec ma mère, ça a viré au drame. Elle ne comprend pas que ça peut être important pour moi de le savoir. Ce qui fait qu'elle me chante toujours la même rengaine : « Je ne peux pas te le dire parce que je ne le sais pas moi-même. »

Bien sûr !

Avec Mylène, tout était simple. Tandis qu'avec Bernard j'ai peur de me faire brasser. Je sais que c'est idiot, que c'est un bon gars qui ne me veut que du bien. Mais il m'intimide.

▲ ▲ ▲

Mylène m'attendait à la porte du studio. J'ai couru vers elle. Elle m'a embrassé sur le front.

— J'étais pas certain que t'allais venir, dis-je en baissant les yeux.

— J'allais rater ça pour rien au monde, voyons ! Ta première leçon avec

Bernard Gravel ! Devine qui vient d'entrer là y a à peine deux minutes ?

— Je sais pas.

— Richard Bélanger lui-même. Bernard joue souvent de la guitare avec lui. Sur ses disques, mais aussi en spectacle. Peut-être que tu vas avoir la chance de lui serrer la pince.

— Tu penses ? dis-je, tout excité.

— T'as pas encore compris qu'aujourd'hui tu fais ton entrée dans les ligues majeures ? Par la grande porte à part ça. Viens, dit-elle en ouvrant. Petit chanceux !

Je la précède dans le long corridor blanc qui mène au studio. J'ai des papillons dans les jambes et des fourmis dans les orteils, car je sens que c'est un jour important pour moi.

Quand on arrive à la réception, y a personne pour nous recevoir. Je dépose ma guitare près du comptoir et j'essuie mes mains moites sur mon pantalon.

— Sois pas si nerveux, dit Mylène. Ça va bien se passer, tu vas voir.

On entend au loin le son cadencé d'une batterie électronique. Un « chic-poum chic-poum » très techno. Puis je vois Bernard sortir du studio A avec Richard Bélanger.

Leur discussion est parsemée d'éclats de rire et de tapes sur l'épaule et je me dis que ces deux-là sont vraiment de bons amis.

Bernard nous aperçoit et vient vers nous.

— Salut, André ! dit-il en me présentant sa main. Enfin le grand jour ! ajoute-t-il avant d'embrasser Mylène sur la joue.

— Oui, et je crois que notre ami est un peu nerveux, dit-elle pour me taquiner.

— Prends ça *cool*, mon jeune, on va y aller tranquillement. Tu connais Richard Bélanger ?

— Ben oui, dis-je, impressionné de serrer la main d'une aussi grande vedette.

— Bernard me parle de toi depuis une semaine, dit Richard Bélanger. J'ai hâte de t'entendre.

— Mettez-lui pas trop de pression, intervient Mylène. C'est son premier cours.

— C'est vrai, dit Bélanger. Pour te dégêner un peu, je vais t'accompagner. On va se faire un petit *jam* de réchauffement.

J'en reste bouche bée. Je ne peux pas croire que je vais jouer avec Richard Bélanger !

— Venez, dit Bernard, visiblement fier de son coup. On va s'installer dans le petit studio, on sera plus tranquilles.

Nous le suivons jusqu'au studio où cinq guitares sont alignées le long du mur. Richard Bélanger en choisit une et se la passe en bandoulière. De mon côté, j'ouvre l'étui de la mienne lorsque Bernard me tape sur l'épaule.

— C'est bon pour chez vous, cette guitare-là. Ici, on fournit l'instrument. T'auras pas besoin de transporter la tienne.

— C'est que... je suis habitué de jouer avec celle-là.

— Justement, il va falloir te déshabituer. Ici, tu vas jouer sur toutes sortes de guitares. Des vraies guitares. Je veux pas t'insulter, mais ta *guit*, ça vaut pas plus cher qu'un biscuit. C'est un peu comme si tu te promenais en trottinette sur une autoroute, tu comprends ?

— Mais c'est la seule guitare que j'ai. Et j'ai pas d'argent pour m'en acheter une meilleure.

— Arrête de me parler d'argent ! Moi, je te parle de musique. Des guitares, on en a. Je t'en prêterai une s'il le faut. La tienne, je veux plus la voir.

Mylène sourit et je ne comprends pas pourquoi. Je l'aime, ma guitare, moi. C'est avec cet instrument-là que j'ai appris à jouer. J'y suis attaché. Et je trouve qu'elle a un beau son… En fait, je trouvais qu'elle avait un beau son jusqu'à ce que je me mette à jouer avec la Yamaha que Bernard venait de me passer autour du cou.

— *Wow !*

Mon émerveillement les fait pouffer de rire. Richard Bélanger y va avec un enchaînement d'accords plutôt simples et il me demande de le suivre. J'improvise une ligne mélodique pas très originale, mais qui sonne comme si nous étions dans une église. Puis on inverse les rôles. Bélanger y va d'un solo pendant que je répète les accords derrière lui.

Ils ne s'en rendent peut-être pas compte, mais j'ai la patate qui veut me sortir du corps tellement je suis nerveux. Et lorsque j'échappe un accord, mes doigts s'emmêlent et je perds le fil.

Bernard me rassure aussitôt.

— Sois pas si tendu, dit-il. Aujourd'hui, on est là pour s'amuser. Le vrai travail, on garde ça pour la semaine prochaine.

— Et attends-toi à en avoir, du travail, ajoute Richard Bélanger. Ça dérougit pas ici. On reprend ?

Je souris bêtement, la gorge nouée, comme si les paroles que je pourrais prononcer n'allaient jamais être à la hauteur de l'émotion que je ressens. Mylène jubile. Ça se voit. Elle resplendit.

Pendant qu'on joue, Bernard place ses mains en porte-voix devant sa bouche.

— Mesdames, messieurs, bienvenue au chic cabaret du studio C. En vedette ce soir, aux guitares, Richie Bélanger et André... André comment déjà ?

— Desgagnés, répond Mylène.

— Et André... Desgagnés ? dit Bernard, visiblement étonné.

— Oui, André Desgagnés, répète Mylène.

Bernard perd aussitôt son sourire. Je m'arrête de jouer, puis Richard Bélanger aussi.

— Qu'est-ce qui se passe ? demande ce dernier à Bernard.

— Ton père, c'est un Desgagnés de quel coin ?

Je me racle la gorge et détourne le regard un moment.

— J'ai pas connu mon père. C'est ma mère qui s'appelle Desgagnés. France Desgagnés.

— France Desgagnés ? s'exclame Bernard. Ah ben cibole !

Je ne comprends pas ce qui se passe.

— Vous la connaissez ? demande Mylène, intriguée elle aussi.

— Elle a quel âge, ta mère ?

— Je sais plus trop, attendez que je compte… elle a trente-huit ans, je crois, trente-huit ou trente-neuf… c'est sa fête le mois prochain.

Bernard se gratte le menton.

— Qu'est-ce qui se passe ? lui demande Richard Bélanger. T'es tout blême.

— Rien de grave. La digestion, sans doute. Je vais aller prendre un verre d'eau. Je reviens tout de suite.

Il sort de la pièce. Nous nous regardons un moment, puis Richard Bélanger hausse les épaules.

— On reprend ça ? propose-t-il en plaquant un accord.

— Je suis prêt, dis-je en replongeant dans le rêve éveillé que constitue pour moi le fait de *jammer* avec Bélanger.

▲ ▲ ▲

Je suis dans ma chambre et ça ne va pas très bien. Je viens de me chicaner avec Marcel, encore une fois. Depuis deux semaines, on se dispute presque chaque jour. Ce type est un idiot et j'ai vraiment hâte que ma mère s'en aperçoive. Quand je pense au temps où il n'était pas là, je me dis que je nageais en plein bonheur sans le savoir.

Ma mère a bien changé, elle aussi. Elle rit plus souvent, c'est vrai, mais elle s'absente plus souvent aussi. Surtout la fin de semaine.

Faut pas me demander ce que je fais le samedi soir. Je ne vais pas au cinéma, ni voir les parties de hockey à l'aréna ni même lancer quelques ballons au terrain de basketball. Non, le samedi soir, tous les samedis soir sans exception depuis que Marcel s'est installé chez nous, je garde mon petit frère. Gratos en plus !

C'est pas qu'il est tannant, mon petit frère. Bien au contraire. C'est un garçon doux et gentil qui me colle aux talons parce que personne, à part moi, ne s'occupe vraiment de lui.

Je l'aime beaucoup. Il me fait rire avec sa voix aiguë et ses jeux de fou. Il nous imagine toujours en danger quelque part, dans l'espace ou au beau milieu de la jungle amazonienne. On se fabrique des épées de carton, on s'attache des serviettes autour du cou et nous voilà chevaliers du Moyen Âge, guerriers indiens ou justiciers intersidéraux à la recherche d'une cause à défendre, d'une civilisation à sauver, d'un tyran à combattre…

Il veut toujours jouer le rôle de mon assistant. J'ai beau essayer de le convaincre qu'il peut être lui aussi un héros à part entière, qu'à sept ans il ne doit plus se contenter d'être le simple faire-valoir d'un autre, c'est peine perdue. Il se met à crier « Non, bon ! Je veux pas être un héros ! Je veux être ton as-sistant. C'est tout ! » Et si j'ai le malheur d'insister, il se met à pleurer.

Alors je le laisse faire. Surtout le samedi soir. J'ai compris, en fait, que ça le stresse beaucoup de rester tout seul avec moi. Souvent, quand il va se coucher, je l'entends pleurer dans sa chambre. Pas trop fort, bien sûr. Juste un reniflement. Je pense qu'il a peur. Je ne pourrais pas dire de quoi, que maman parte en voyage avec Marcel et qu'elle ne revienne pas peut-être.

Quand j'en ai parlé à ma mère, elle a dit que ça lui passerait. Mais après trois mois, ça ne lui est pas encore passé. À peine s'est-il endormi qu'il est secoué de cauchemars où des monstres et des sorcières nous attaquent. Il crie « Maman ! Maman ! Maman ! » en se réveillant.

Dans ces moments-là, je me couche avec lui. C'est le seul moyen que j'ai trouvé pour qu'il se rendorme. Sa respiration se calme puis il se met à ronfler. Je me relève sans faire de bruit et je retourne au salon pour écouter la télé.

Mes rêves à moi sont plutôt simples. Il m'arrive de m'envoler au-dessus de la ville pour admirer du haut des airs la marche des passants sur les trottoirs et la course des voitures dans les artères rouges de la cité.

Parfois, je deviens invisible et je me faufile chez des inconnus pour les regarder vivre. Je m'attarde plus longuement chez ceux qui s'aiment. Les chicaniers me donnent un bon spectacle, mais j'ai toujours peur que ça dégénère alors je déguerpis.

Mais, la plupart du temps, je sors simplement de chez moi et je marche vers la mer ou la campagne. Hier, je me suis rendu jusque chez Mylène. J'ai frappé à sa porte, mais elle n'a jamais répondu. J'étais pourtant convaincu qu'elle était là. J'ai même cru entendre des voix, comme si elle n'était pas seule et qu'avec son amant elle s'amusait à me regarder par le judas de sa porte d'entrée.

Un lancinant sentiment de tristesse m'a envahi quand je me suis réveillé. Le jour ne s'était pas encore levé et mon frère ronflait sans retenue.

J'ai passé le reste de la nuit à jongler. J'ai pensé à Mylène que je n'ai pas revue depuis mon premier cours au studio. Elle m'a téléphoné deux fois, c'est vrai, pour prendre de mes nouvelles. Elle veut que je passe chez elle. Mais avec l'école et les cours de Bernard, il ne me reste plus beaucoup de temps pour lui rendre visite.

Bernard, c'est un chic type et un virtuose de la guitare. Ce gars-là est tout simplement époustouflant. Il a des doigts de magicien qui, même à une vitesse incroyable, se posent toujours au bon endroit sur le manche de son instrument.

Après quatre leçons, j'ai déjà accompli des progrès considérables. Mylène avait raison. Je suis chanceux de pouvoir travailler avec Bernard.

On devient pas mal copains, lui et moi. À la fin de chaque cours, on joue une ou deux *tounes* ensemble. Habituellement sérieux comme un professeur, il laisse aller son fou aussitôt qu'il tient une guitare entre ses mains.

Hier, il m'a offert un solo à la Jimmy Hendrix en pinçant les cordes de sa Strato avec ses dents. C'était pissant !

J'entre maintenant au studio comme si c'était chez moi. Tout le monde me connaît. Bernard s'est même échappé à m'appeler Dédé. Je lui ai dit que je n'aimais pas beaucoup ça. Il s'est excusé même si c'est pas son genre. Il m'a dit qu'il comprenait et il m'a promis de ne plus recommencer. Lui aussi déteste qu'on l'appelle Ben, Berny ou Barney.

Juste avant de quitter le studio, hier, Bernard m'a invité chez lui samedi prochain. Il veut me présenter sa blonde et il semble qu'il ait quelque chose d'important à me dire.

Je lui ai expliqué que je suis de garde à la maison le samedi soir. Il a proposé le dimanche et nous nous sommes entendus là-dessus.

Je ne sais pas quel mensonge je vais inventer pour berner Marcel. Je déteste mentir. Ce serait tellement plus facile si ce con pouvait comprendre qu'il n'y a pas que les mathématiques dans la vie ! Mais même le simple fait d'en discuter avec lui est exclu. Ce gars-là ne discute jamais. Il impose son point de vue aux autres, et à ma mère de plus en plus. Et quand quelqu'un le conteste, il boude pour le reste de la journée.

Je le déteste…

▲ ▲ ▲

Bernard habite un loft au centre-ville avec Francine, sa blonde, une grande femme mince aux cheveux courts qui travaille dans une agence de publicité. La dernière campagne d'Hydro-Québec avec les fils électriques des appareils ménagers qui s'entremêlent en dansant le tango, il paraît que c'est elle qui a pensé à ça. Mais le plus important, c'est qu'elle est super gentille.

Quand je suis arrivé, Bernard était parti au dépanneur et c'est Francine qui est venue ouvrir. J'étais tellement gêné que j'ai dit : « C'est pas grave, je vais l'attendre dehors. » Ça l'a bien fait rire. Elle a dit : « Es-tu fou ? Avec un froid pareil ! Viens, entre ! Je m'appelle

Francine et tu vas voir que je ne suis pas gênante pour cinq sous. »

Et c'est vrai. Ce qui ne l'a pas empêchée de me regarder d'une drôle de manière, avec un sourire satisfait au coin des lèvres, l'air de dire : « Ah ! C'est à ça qu'il ressemble, celui-là ! »

— Viens, je vais te montrer ce qu'on va manger, dit-elle en m'attirant vers le coin cuisine.

Sur le comptoir, y a deux pizzas maison prêtes à être mises au four et une assiette de légumes frais avec un bol de trempette.

— Bernard ne devrait pas tarder. Il s'est aperçu il y a dix minutes qu'on n'avait rien à boire à part du vin et une bouteille de rhum brun. À moins que tu en veuilles un verre ?

— Non, merci.

— C'est ce que Bernard s'est dit. Il m'a beaucoup parlé de toi, tu sais.

— En bien, j'espère ? dis-je pour faire mon comique.

— Bien sûr, qu'est-ce que tu crois ? Il est très fier de lui parce qu'il s'attribue tous tes progrès. Il a de grands projets pour toi.

Je hausse les épaules. Je ne sais pas de quoi elle parle.

— Oups ! Tu m'excuseras. J'ai parfois tendance à éventer les secrets. Un petit défaut parmi d'autres. Mais je vais laisser à Bernard le plaisir de te dévoiler celui-là lui-même.

Je jette un coup d'œil tout autour pendant qu'elle met les pizzas dans le frigo.

— C'est beau, chez vous, dis-je, sincère. Les plafonds sont tellement hauts. On pourrait y accrocher des trapèzes.

Francine s'esclaffe.

— J'imagine Bernard en collant sur sa barre, dit-elle en levant les yeux. Effectivement, c'est très beau. Mais nous allons déménager bientôt. À cause de l'enfant…

Voyant que je ne saisis pas, elle me fait face.

— Celui que j'ai là, dit-elle en caressant son ventre qui, à bien y regarder, est effectivement légèrement bombé. Ce sera une fille et elle va s'appeler Colette. En l'honneur de l'écrivaine… J'suis certaine qu'il n'y aura pas une autre Colette de son âge dans toute la ville.

Je n'ose pas lui dire ce que j'en pense. Pauvre petite !

— Ça va lui prendre sa chambre à elle, poursuit Francine. Tiens, c'est Bernard qui revient.

Il rentre, me salue et dépose son sac sur le comptoir.

— À ce que je vois, vous avez déjà fait connaissance, dit-il.

— Il est là depuis plus de dix minutes déjà, dit Francine. S'il avait fallu qu'on t'attende pour les présentations, je sais pas de quoi on aurait eu l'air pendant tout ce temps.

— Je suis vraiment heureux que tu sois venu, dit-il en me serrant l'épaule. Ça va nous changer de la rigueur des cours et de l'ambiance du studio.

Je ne lui dis pas que je l'aime bien, moi, l'ambiance du studio et que, si je pouvais, je resterais là tout le temps.

— La musique, c'est bien beau, ajoute Bernard, mais y a pas que ça dans la vie.

— Ah non ? s'étonne Francine. J'ai pourtant l'impression que c'est tout ce qui compte pour toi, Bernard Gravel. La musique, les guitares, les groupes, les micros…

— Ça, c'était vrai avant que je te rencontre, chérie. Aujourd'hui, y a toi… et la petite.

— La belle affaire ! Si tu pouvais, tu m'ouvrirais le ventre pour lui mettre une guitare entre les mains.

— Francine, franchement !

Ils sont beaux à voir, ces deux-là. Je me dis que, tout compte fait, même avec son prénom ridicule, cette petite a de la chance d'être tombée sur eux.

— J'ai acheté des boissons gazeuses, du jus et de la bière, dit Bernard. Je te sers quelque chose ?

— Un jus, s'il vous plaît.

— Allez vous asseoir dans le divan, je vous rejoins tout de suite.

Francine me raconte qu'avant de travailler dans la publicité elle a été danseuse professionnelle. Un métier palpitant qu'elle a dû abandonner à la suite d'une mauvaise fracture à la cheville droite. D'où les multiples tableaux et affiches représentant des danseurs sur les murs.

— J'essaie de garder la forme, dit-elle, mais avec le boulot et tout, c'est difficile.

Bernard revient avec nos verres, de jus pour moi et d'eau minérale pour Francine, et il s'assoit devant nous.

Cette rencontre m'intimide un peu. Je ne me sens pas très à l'aise et j'imagine que ça paraît, puisque Bernard insiste pour que je raconte à Francine ma première visite au studio.

Plus le temps passe et plus je me détends. Le repas est délicieux, surtout avec le piano de Keith Jarrett en toile de fond.

Bernard et Francine sont encore plus sympathiques que je croyais. Avec eux, rien de compliqué. Quand tu aimes quelque chose, tu dis « c'est bon ». Si tu n'aimes pas quelques chose, tu dis « j'aime pas ça » et c'est pas plus grave. Ils ne sont pas du genre à s'offusquer pour des riens comme Marcel, qui se sent attaqué aussitôt que quelqu'un émet un commentaire sur la nourriture de maman.

L'autre jour, mon frère a dû sortir de table parce qu'il a dit que la moutarde forte, c'était trop piquant. « Quand on n'est pas content de ce qu'il y a dans son assiette, on se trouve une job et on va au restaurant ! » qu'il a dit, le gros colon. Mon frère a juste sept ans, idiot !

— Avant d'attaquer le dessert, me dit Bernard, y a quelque chose dont j'aimerais te parler. J'aurais préféré garder ça pour moi, mais Francine m'a convaincu qu'il était préférable que je te mette au courant.

Juste au ton solennel qu'il emploie, je sens qu'il s'agit de quelque chose d'important.

— Bon, par où commencer ? dit-il en jouant avec sa cuillère.

— Par le début, chéri, propose Francine. Par le début.

— Le début, oui... Il me semble t'avoir déjà raconté mon périple aux États-Unis, non ?

— Avec les musiciens noirs de La Nouvelle-Orléans, la bière dans les bars et tout ça ?

— Et tout ça, oui. Quand j'ai quitté la maison, j'avais à peu près ton âge. À peine quelques mois de plus peut-être.

— Votre mère avait mis cinquante piastres dans la poche de votre manteau.

— C'est ça. Ce que je t'ai pas dit, par contre, c'est que je suis jamais revenu à la maison. J'avais vingt-deux ans quand j'ai décidé de revenir au Québec et je voulais repartir à zéro. Faire une croix sur mon passé. Devenir maître de ma destinée. J'ai donc choisi de ne pas revoir ma famille. Depuis mon départ, je ne leur avais d'ailleurs jamais donné de nouvelles. Je voulais pas qu'ils me retrouvent. Alors je me suis réinstallé sous une nouvelle identité. J'allais devenir Bernard Gravel, Bernard en souvenir d'un ami d'enfance et Gravel parce que c'est le nom de famille de ma mère.

Il se racle la gorge. Je le sens maintenant très nerveux. Moi, qu'il s'appelle Gravel ou n'importe quoi d'autre, ça ne me dérange pas. Je ne comprends d'ailleurs pas pourquoi il me raconte tout ça.

— Ça fait plus de vingt ans que je vis sous le nom de Bernard Gravel. Et y a deux personnes qui sont au courant de mon histoire. Francine… et toi.

Je souris nerveusement, un peu dépassé par ce qu'il me raconte.

— Mais… pourquoi moi ? demandé-je candidement.

— Eh bien voilà. D'abord parce que mon vrai nom, c'est André…

— Ça veut dire qu'on a le même prénom ? dis-je, tout excité.

— Mais surtout, poursuit-il, parce que mon nom de famille, c'est aussi Desgagnés.

— Attendez… Vous voulez dire que vous vous appelez André Desgagnés, comme moi ?

— C'est ça.

— Desgagnés avec un « s » ?

— Avec un « s ».

— C'est pas possible…

— C'est pourtant la vérité.

— *Wow* ! échappé-je. C'est donc ben *cool* ! Tu parles d'une coïncidence, ajouté-je, enfin heureux de comprendre pourquoi il tenait tant à me raconter tout ça.

— La coïncidence, comme tu dis, enchaîne Francine, est beaucoup plus étonnante que tu crois.

— Plus étonnante ?

— Ton talent pour la musique, il te vient d'où, d'après toi ?

— Je sais pas. Ma mère avait des oncles qui jouaient de l'accordéon.

— Mononcle Almas et mononcle Fred, dit Bernard.

— C'est ça. Comment vous avez fait pour deviner leurs noms ? demandé-je naïvement.

— C'étaient mes oncles à moi aussi, André.

Il se penche vers moi et respire profondément.

— Je suis le frère de ta mère, dit-il avec émotion.

— Ma mère a pas de frère.

— Elle ne t'a jamais parlé de son frère André ?

— Une ou deux fois, oui, mais pas beaucoup. Parce que son frère André est mort y a très longtemps.

— J'suis pas mort, André, regarde ! Tout le monde l'a cru, c'est vrai. Ils se disaient que ça se pouvait pas que je ne leur donne pas de mes nouvelles. Mais j'étais bien vivant, André. Libre et vivant.

Francine me regarde avec son sourire maternel. J'essaie d'encaisser le choc sans broncher et demeure un instant silencieux.

— Ça veut dire que vous êtes... mon oncle ? dis-je enfin.

— Ton oncle, oui. Et j'imagine que ta mère t'a donné ce prénom pas très dans le vent en pensant à moi.

Je ne sais pas comment réagir. Mes pensées s'emmêlent et mon cœur balance entre la joie et la tristesse de voir ma famille s'agrandir ainsi. Je n'ai jamais eu ni oncles ni tantes, donc ni cousins ni cousines. Pendant toute ma jeunesse, j'ai été entouré d'adultes, souvent froids et distants.

Je n'ai presque pas connu mes grands-parents puisque ma mère n'entretenait pas de relations avec eux. « Trop idiots ! » qu'elle disait. Son père n'avait toujours eu qu'un seul but dans la vie : vider la bouteille de bière qui était devant lui. Et sa mère s'était depuis longtemps enfermée dans des rêves imbéciles de reine du foyer.

Il ne me restait donc que les amies de ma mère, pour la plupart des femmes seules comme elle, prêtes à tout pour se dégoter un nouveau *chum*.

Par chance, il y avait mon petit frère…

— André, ça va ? demande Francine.

Je sors des limbes et me secoue un peu.

— Ça va. Je me demande seulement comment je vais annoncer ça à ma mère.

— Justement, dit Bernard. J'suis pas certain que ce soit une bonne idée de lui en parler. Tu sais, pour elle comme pour moi, c'est de l'histoire ancienne, une partie de notre passé qu'on s'est vite empressés d'oublier.

— Vous pensez vraiment qu'elle vous a oublié ?

— Oublié, non. Mais tu me dis toi-même qu'elle ne parle jamais de moi.

— Quand ma mère ne parle pas de quelque chose, c'est précisément parce que ça la touche trop. Moi, j'suis convaincu qu'elle pense à vous tous les jours.

— Tu crois ?

— Chaque fois qu'elle prononce mon nom.

Bernard baisse les yeux et je sens que, s'il ne se retenait pas, deux grosses larmes se mettraient à couler sur ses joues.

Francine le rejoint pour le consoler et je ne sais plus si je dois rester là ou déguerpir. Il me semble qu'une bonne bouffée d'air frais me ferait du bien. Je me lève et marche vers la sortie.

— Où tu vas ? demande Bernard en se levant lui aussi.

— Je... j'ai plus faim, dis-je.

— C'est pas une raison pour partir.

— Excusez-moi, mais je suis un peu fatigué et je pense que je vais aller dormir.

Francine s'approche à son tour.

— Ben oui, dit-elle, ça vous fait bien des émotions. Une bonne nuit de sommeil, c'est ce que ça vous prend à tous les deux.

— Bonne soirée, dis-je avant de sortir.

— On se revoit au studio mardi ? lance Bernard avec un enthousiasme qui sonne faux.

Il n'aura pour toute réponse que mon sourire dépité.

▲ ▲ ▲

La lune perce le rideau de la fenêtre de ma chambre et si mon petit frère ne ronflait pas autant, ce serait magnifique. Mon esprit pourrait s'envoler dans la brume nocturne et traverser la ville jusqu'aux rives du fleuve. Je m'assoirais sur le ciment froid du port et j'attendrais que le jour se lève.

Car demain, ce sera bien différent. Demain, je serai enfin seul. Chez lui, à cinq kilomètres d'ici, il y aura l'autre André Desgagnés, celui dont j'ai usurpé l'identité et qui se tapissait dans mon ombre depuis toujours. Demain, j'en serai libéré, car je le saurai ailleurs qu'en moi-même.

C'est idiot, je le sais, mais j'ai toujours eu l'impression d'être habité par le frère disparu de ma mère. Quand elle m'embrassait, c'est lui qu'elle chérissait. Quand elle me couvait, c'est lui qu'elle protégeait. Quand elle me gâtait, c'est lui qu'elle comblait. Ma première guitare, c'est à lui qu'elle l'a offerte. Je sentais continuellement son souffle sur ma nuque, j'entendais ses intonations dans ma voix et sa démarche guidait mes pas.

Demain, ma mère n'en saura rien, mais je ne serai plus le frère de rechange qu'elle s'est fabriqué au fil des ans. Car le frère en question est ressuscité. Et ce n'est pas moi qui le lui apprendrai. Maintenant que je sais que le fantôme de mon oncle ne peut plus rien contre moi, cette histoire ne me concerne plus. Quand Bernard voudra se présenter, il n'aura qu'à se manifester.

Je suis si heureux que je n'arrive pas à m'endormir. Et même les ronflements de mon petit frère, plus intenses encore que tout à l'heure, sonnent comme une chanson à mes oreilles.

▲ ▲ ▲

Quand je suis entré dans le studio, Bernard était tellement content de me voir qu'il m'a serré contre lui. Une accolade virile, une affaire de gars.

— J'avais peur que tu reviennes pas, dit-il en me gratifiant de grandes tapes dans le dos.

— J'ai le meilleur professeur du Québec. Je serais fou de m'en priver, dis-je en riant.

— Arrête la flatterie, veux-tu ? Ici, on n'aime pas les téteux. Es-tu prêt à travailler ? ajoute-t-il en se dégageant.

— En pleine forme.

— Ça tombe bien, j'ai plusieurs partitions à te faire répéter. Si tu mets toute la gomme, je pourrais avoir une belle proposition pour toi. Mais avant, il va falloir que tu fasses tes preuves. Alors au travail !

Bernard me remet une pile de feuilles sur lesquelles je compte pas moins de vingt-deux chansons. J'ai deux semaines pour les maîtriser.

Dès les premiers accords, je reconnais la touche de Richard Bélanger, même si son nom n'est pas inscrit sur les partitions. Sur les vingt-deux chansons, il y en a une dizaine que je connais déjà. J'imagine que les autres sont soit des vieilles pièces que je n'ai jamais entendues, soit du nouveau matériel pour son prochain album.

Bernard prend sa guitare et tire un tabouret près du mien.

— On va y aller avec *L'oiseau rare*. Page 12. C'est un 4/4 standard. Fais attention, les accords sont un petit peu syncopés. Tu me suis ? On y va. Trois-quatre…

Bernard est visiblement heureux de jouer avec moi. Il chante à pleins poumons et relève mes erreurs avec la patience d'un moine.

— Mineur, le *si*. C'est ça. Va cherche la septième majeure avec ton petit doigt. Pas trop long, un temps seulement avant de revenir au *fa* dièse majeur... C'est ça, oui. On reprend.

— Du début ?

— On va la refaire du début jusqu'à ce que tu la possèdes bien. Après, ce sera à toi de la peaufiner. Il faut que tu sois capable de la jouer les yeux fermés, tu comprends ?

— Sans partition ?

— Les yeux fermés, André. Peux-tu lire une partition les yeux fermés, toi ?

Nous rions tous les deux et reprenons du début. À la fin de la leçon, je n'accroche plus qu'à un ou deux endroits.

— Bon, dit Bernard. Il faut que tu apprennes les dix première pièces pour la semaine prochaine.

— Ça fait beaucoup. Et j'ai des examens qui s'en viennent à l'école.

— Bon OK... Allons-y pour cinq. Mais il faut que ce soit parfait.

— Pas de problème, je serai prêt.

— Je te demande un gros effort, je le sais, mais c'est pour une bonne cause.

Je ne vois pas de quelle cause il s'agit sinon de la mienne.

Bienvenue au studiothon de la guitarite aiguë au profit d'André Desgagnés ! ! !

▲ ▲ ▲

Si j'ai bien compris ce qui s'est passé, tout ça a commencé quand mon petit frère a renversé son verre de jus sur le tapis du salon. Le gros Marcel s'est emporté. Les sacres et les insultes se sont mis à déferler sur la tête de mon frangin. *Vaurien, imbécile, tête de noix*...

Il allait le frapper quand ma mère s'est interposée. « Pas ça ! » qu'elle a crié. Tellement fort que Marcel en est resté bouche bée. Mon frère en a profité pour se sauver dans notre chambre et quand je suis rentré, ça faisait déjà une heure qu'il était là.

Assis à la table de la cuisine, ma mère a les yeux rouges. Sa cigarette se consume toute seule dans le cendrier.

Marcel est parti. Le mot LIBÉRATION clignote dans ma tête. Le loup a finalement quitté la bergerie et nous retrouverons notre tranquillité d'antan. Fini, le harcèlement. Écartée, la peur continuelle d'être agressé. Retrouvée, la paix du foyer. Si je ne me retenais pas, je pleurerais moi aussi. De joie.

Mais mon bonheur est de courte durée. À peine une demi-heure plus tard, le con réapparaît dans le cadre de la porte. Ma mère se jette sur lui et l'embrasse dans le cou.

Je me dis que la vie est mal faite... et que ma mère est malade.

▲▲▲

Bernard semble plus nerveux que d'habitude. Il m'a demandé trois fois si j'avais bien fait mes devoirs. Je lui ai répété chaque fois que je connais les dix chansons de Richard Bélanger qu'il m'a demandé de travailler comme si c'était moi qui les avais composées.

— Tu veux que je te les joue les yeux fermés ? dis-je pour détendre l'atmosphère.

— J'aurais bien aimé les entendre, répond-il en aménageant le studio pour recevoir une troisième personne, mais on n'a pas le temps.

— Pourquoi, pas le temps ?

— J'attends de la visite.

— Veux-tu dire que j'ai pas de leçon aujourd'hui ?

— Pas de leçon, non.

— Je suis venu ici pour rien ?

— Oh que non, mon *boy* ! Aujourd'hui, t'es ici pour donner plutôt que pour recevoir.

— Mon premier contrat ! m'exclamé-je avec exubérance.

— Parlons plutôt de ta première audition.

Sur les entrefaites, Richard Bélanger entre dans le studio. Bernard lui tend la main. Je me lève et lui serre la pince à mon tour.

— Salut, André ! Pas trop nerveux ? me demande Bélanger avec une tape sur l'épaule.

— Je ne l'étais pas y a deux minutes, mais Bernard vient de m'apprendre que je vais passer une audition aujourd'hui et j'ai bien hâte de voir avec qui et pourquoi.

Richard Bélanger sourit et se tourne vers Bernard.

— Tu ne lui en as pas encore parlé ?

— J'voulais pas lui mettre de pression, explique Bernard.

— J'aimerais ça comprendre, dis-je avec impatience. J'suis pas au courant de quoi au juste ?

Bernard se racle la gorge et s'approche de moi.

— Richard aimerait t'entendre jouer ses *tounes*, dit-il. Si tout va bien, et je sais que ça va bien aller, il se pourrait qu'il ait une proposition à te faire.

— Comme ?

— Commençons par la musique, on discutera après.

Je m'installe, j'accorde ma guitare et j'enfile les pièces les unes à la suite des autres. Après la troisième chanson, Richard Bélanger prend sa guitare et décide de m'accompagner. Je ne sais pas pourquoi il rigole autant, mais il s'amuse comme un fou. Je sens alors le stress quitter Bernard, qui se tape sur les cuisses et chante avec nous.

Quand nous plaquons le dernier accord de la dernière pièce, Bernard se lève et applaudit. Richard Bélanger se défait de sa guitare et me serre la main fermement.

— André, il faut qu'on se parle ! dit-il sans arrêter de me secouer la main. Si on allait prendre un café au petit restaurant d'en face ? propose-t-il.

Quand nous entrons dans le restaurant, le propriétaire vient au-devant de Bernard pour le saluer.

— Cher ami, il y a longtemps que vous ne nous avez rendu visite.

— Ah ! Luigi ! Lé travail, vous savez cé qué c'est, répond Bernard avec un faux accent italien.

— Et comment !

Pendant ce temps, les clients reluquent Richard Bélanger en se donnant des coups de pied sous la table.

— Vous n'auriez pas un petit coin où on pourrait discuter tranquilles autour d'un bon café ? demande Bernard.

— Mais si. Suivez-moi.

Il nous guide jusqu'à une salle en retrait aménagée pour recevoir une dizaine de personnes.

— J'ai une réservation pour vingt heures. D'ici là, elle est à vous. Je vous envoie le serveur.

Une fois le serveur arrivé, Bernard change d'idée et commande une bière. J'y vais pour le café standard et je regrette déjà mon choix lorsque j'entends Richard Bélanger demander un allongé.

— Si on en venait au vif du sujet, dit Bélanger. Tu vas toujours à l'école, j'imagine.

— Oui.

— Tes résultats scolaires sont bons ?

— Il le faut. Bernard m'a dit que si j'avais des mauvaises notes, je pourrais plus suivre ses cours.

— C'est bien, ça. Écoute, je vais arrêter de te faire languir. J'ai besoin de toi pour ma prochaine tournée estivale.

Le cœur veut me lâcher. Ai-je bien entendu ? André Desgagnés sur la même scène que Richard Bélanger ?

— Du 15 mai au 24 août.

— Mais je finis l'école le 20 juin, réussis-je à dire sans bégayer malgré mon extrême excitation.

— Jusqu'à la Saint-Jean-Baptiste, on joue seulement les fins de semaine.

— C'est tout de même pas mal comme premier emploi d'été, non ? souligne Bernard.

— Pas mal ? C'est super tripant ! dis-je avec emportement, incapable de rester calme plus longtemps. Merci. Merci. Merci...

— OK, c'est assez les salamalecs, rigole Bélanger. Il te reste pas mal de travail à faire. Tu vas être payé comme les autres. Les répétitions commencent dans un mois et on va essayer d'arranger ça avec ton horaire d'école. Ça te va ?

— Vous me demandez si ça me va ?

Le serveur revient avec nos boissons. Je prie Bernard et Richard de m'excuser et je cours jusqu'à l'entrée du restaurant. Je mets une pièce dans le téléphone public et j'attends qu'elle réponde.

— Mylène ! C'est André. Je vais jouer avec Richard Bélanger ! Pour vrai, sur scène, tout l'été !

▲ ▲ ▲

Les semaines ont passé tellement vite ! Avec mes répétitions les mardis et jeudis soir, mes travaux scolaires et la surveillance serrée de Marcel, je n'ai pas vu le temps filer.

Un soir du mois d'avril, je suis rentré à la maison vers vingt et une heures après trois bonnes heures de travail avec Richard Bélanger – que j'appelle maintenant par son seul prénom.

Déjà en franchissant le seuil de la porte, j'ai senti qu'il se tramait quelque chose. Marcel était assis à la table de la cuisine plutôt qu'à sa place habituelle dans le divan et ma mère faisait semblant de laver des verres dans le lavabo.

— D'où tu sors ? me demande Marcel sans préambule.

— Pratique de basket à l'école, comme à chaque jeudi, dis-je en essayant de ne pas rougir.

— Basketball, vraiment ?

— Ben oui, pourquoi ?

— À ton école ?

— Oui.

— J'en arrive, de ton école, imagine-toi donc. Et y avait pas un chat là. Toutes les portes étaient verrouillées et les lumières du gymnase étaient fermées. Alors je répète ma question : où est-ce que t'étais ?

Je baisse les yeux un moment puis je le défie du regard.

— Ça te regarde pas, dis-je avec le plus d'assurance possible.

— Quoi ? explose-t-il. Qu'est-ce que tu dis ?

— J'ai dit que c'est entre ma mère et moi et que c'est pas de tes affaires.

— André ! intervient ma mère.

— C'est vrai. J'ai pas d'ordre à recevoir de lui. C'est pas mon père ! ajouté-je avant de poursuivre ma route vers ma chambre.

Mais je n'ai pas le temps de faire deux pas que Marcel m'empoigne le bras.

— Pas si vite ! Je veux savoir où t'étais.

— J'ai rien fait de mal.

— Tant que tu nous diras pas où t'as passé la soirée, on pourra pas en juger.

— J'étais à une pratique, avoué-je pour qu'il me lâche.

— Une pratique de quoi ? Et me parle pas de basketball.

— Une pratique de musique.

— De musique ?

— De musique ? répète ma mère.

— Oui. Je joue dans un groupe.

— Tu joues dans un groupe ? Première nouvelle, dit Marcel en me libérant.

— On va donner des spectacles, l'été prochain.

— Dans quel garage ? demande Marcel avec méchanceté.

— Niaiseux ! échappé-je.

— Quoi ? Comment tu m'as appelé ? Je vais t'en faire, moi, des niaiseux. Tes folies de musique, c'est fini. Je veux plus te voir là. Tu vas commencer tes examens bientôt et tu vas avoir besoin de toutes tes énergies. Tu feras de la musique quand t'auras une job.

— Maman ! Dis quelque chose !

Ma mère hésite. Marcel la dévisage avec son air de bœuf.

— Marcel a raison, mon chou. Tes études avant tout.

— Mais vous comprenez pas. Je vais jouer avec Richard Bélanger ! C'est la chance de ma vie…

— Quand tu seras majeur, t'en feras bien ce que tu veux, de ta vie, mais pour l'instant, que ce soit avec Richard Bélanger ou les Beatles, c'est nous qui décidons. La discussion est close.

— Je vais y aller pareil, à mes répétitions ! Vous pourrez quand même pas m'enfermer à clé dans ma chambre !

— Combien tu gages ? me défie Marcel.

Je me tourne vers ma mère et la supplie du regard. Elle se contente de sourire bêtement et m'envoie un baiser volant. Et je me dis qu'elle est plus atteinte que je le croyais.

▲ ▲ ▲

— Attends un peu, me dit Richard en n'y croyant pas. Répète-nous ça comme il faut. Tu veux plus faire la tournée ?

— Je PEUX plus. Le *chum* de ma mère me l'a interdit hier.

— Est-ce qu'on peut savoir pourquoi ?

— Il paraît que ça va nuire à mes études. Je le sais que c'est idiot, là, mais tu le connais pas. C'est un dangereux. Et si je lui désobéis, c'est ma mère qui va pâtir. En fait, c'est pour elle que j'abandonne. Pour qu'il la laisse tranquille.

— Y est pas question que tu abandonnes ! intervient Bernard. Tes notes sont excellentes, tu vas avoir seize ans dans deux semaines… C'est qui, ce gars-là ?

— Il s'appelle Marcel. Ma mère l'a rencontré dans un *party* y a six mois et, depuis ce temps-là, il fait la loi dans la maison.

— T'as essayé d'en discuter seul à seul avec ta mère ? demande Richard.

— Il est toujours là à nous espionner. De toute manière, ma mère est amoureuse de lui, alors…

— Alors ?

— Alors elle fait semblant d'être d'accord avec lui même pour des choses qu'elle aurait jamais acceptées avant qu'il arrive.

— Tu veux que j'aille lui parler ? offre Richard amicalement.

— Je te jure qu'elle serait très impressionnée. Je lui ai dit que j'allais jouer avec toi, mais je pense qu'elle ne m'a pas cru. Le problème, c'est que pour Marcel, les musiciens, c'est une bande de drogués qui corrompent la jeunesse. Alors je suis pas certain que tu seras bien reçu.

Bernard fixe le plancher.

— Ça se passera pas comme ça certain ! dit-il, les dents serrées. On n'a pas fait tout ce chemin-là pour rien. Donnez-moi quelques jours pour arranger ça. En attendant, congé de pratique pour André. Je voudrais pas que le coco puisse nous accuser de quoi que ce soit.

— Y a pas à me dire quoi faire ! éclaté-je, fouetté par la colère toute contenue de Bernard. J'ai seize ans, quand même !

— Pas encore, André, dit-il. De toute façon, tant que tu ne seras pas majeur...

▲ ▲ ▲

Je me suis réfugié dans ma chambre en attendant l'heure fatidique de la visite de Bernard. Je ne sais pas ce qu'il a derrière la tête, mais il m'a demandé d'être à la maison à dix-neuf heures pile. Ce qui veut dire qu'il sera ici dans quinze minutes.

Après le souper, Marcel est retourné – oh ! surprise ! – s'avachir devant la télé pour écouter les nouvelles du sport en continu à RDS. Golf, tennis, hockey, football... tout l'intéresse du moment qu'il y a des gagnants et des perdants.

Marcel confond intelligence et talent, goût de la victoire et appât du gain, pastilles pour le rhume et hormones de croissance.

Devant un match, on dirait l'homme de Cro-Magnon. Il grogne quand ses héros sont moins bons, il sacre un bon coup à chaque décision controversée des arbitres, il frappe des mains quand son équipe gagne la partie et il salive d'envie quand la caméra nous montre la plus belle fille des estrades.

Marcel, c'est le genre de gars qui se félicite de la victoire de son équipe favorite comme s'il avait lui-même sué toute l'eau de son corps sur le terrain. Quand il parle de son club, il utilise toujours le « on ». *On a travaillé fort ! On les a eus dans le détour ! On va être durs à battre c't'année !* Dans sa tête, ce « on » l'inclut, bien entendu.

Ma mère, quant à elle, finit de laver la vaisselle. Mon petit frère devrait bientôt revenir de sa pratique de hockey, le seul loisir que Marcel lui autorise.

Tout le monde me croit en train d'étudier, mais je me fais plutôt du mauvais sang, à l'affût de la sonnerie qui annoncera l'arrivée de Bernard.

Je suis très nerveux, car cette rencontre déterminera si je pourrai jouer avec Richard cet été. Et je sais que Bernard et Marcel, ça ne mange pas le même pain. Alors il risque d'y avoir des étincelles.

Plus que cinq minutes à attendre. Ma mère annonce qu'elle va prendre son bain. Catastrophe ! Si Bernard se retrouve seul avec Marcel, c'est la fin assurée de mes rêves.

Je me précipite dans la cuisine et commence à entretenir ma mère de toutes sortes d'histoires qui me sont arrivées au cours de la semaine.

— Savais-tu que j'ai perdu un gant noir, hier, à l'école ?

— Non, chéri. Il doit être dans ta case.

— J'ai vérifié.

— Tu iras voir au secrétariat. Quelqu'un peut l'avoir rapporté aux objets perdus.

— Est-ce que je t'ai raconté notre sortie scolaire au parc industriel ?

— Non. C'était bien ?

— On a visité une usine de *stainless*. Tu sais le métal brillant…

— Je sais ce que c'est, André. Arrête de tourner autour de moi, tu m'étourdis.

— Je t'ai pas dit ce qui est arrivé à Mathias Cloutier.

— Qui est Mathias Cloutier ?

— Le fils de mon prof de math.

— Écoute, chéri, j'allais prendre un bain. Tu me raconteras ça plus tard, d'accord ?

— Mais c'est que...

— Plus tard ! répète-t-elle avant de s'enfermer dans la salle de bain.

Voilà, ça y est ! Mon chien est mort !

Je retourne dans ma chambre et me morfonds jusqu'à ce que j'entende la sonnette de la porte d'entrée. Je ne sais pas si je dois me précipiter dans le salon pour aller répondre ou laisser Marcel sacrer deux trois fois avant de se lever.

Je choisis de le laisser sacrer. J'arrive dans le salon au moment où il ouvre la porte à Bernard.

— Ouais ? fait Marcel en guise de bienvenue.

— Bonjour, monsieur, j'aimerais voir la mère d'André, si c'est possible, dit Bernard avec une politesse presque exagérée.

— Vous êtes qui, vous ? La police ?

— Non, non, répond Bernard, toujours sur le seuil de la porte. Je suis, disons, un ami d'André.

Marcel bombe le torse aussitôt.

— Ça me surprendrait qu'André ait des amis de votre âge.

— Madame Desgagnés est là ?

— Madame Desgagnés est occupée, répond Marcel. Vous repasserez demain, ajoute-il avant de refermer la porte sur le pied de Bernard.

— Vous seriez gentil de lui dire que j'aimerais lui parler, insiste Bernard.

— Salut, Bernard ! dis-je, faussement joyeux. Voyons, Marcel, laisse-le entrer.

Marcel me dévisage avec étonnement.

— C'est qui, ça ?

— Un de mes profs, dis-je en ne mentant qu'à moitié.

— Un de tes professeurs ? répète Marcel. Mais il fallait le dire plus tôt, ajoute-t-il en rouvrant la porte, toute grande cette fois-ci. Excusez-moi, monsieur. Entrez et venez vous asseoir.

Bernard entre et me décoche un clin d'œil complice.

— Excusez le désordre, dit Marcel. J'étais en train d'écouter les nouvelles du sport. Vous aimez le hockey ?

— Dans mes moments libres, dit Bernard avec un sourire.

— France est dans le bain. Ça devrait pas être bien long. Vous voulez quelque chose à boire ?

— Non merci. Je sors de table.

— Ouais. Et vous être professeur de… ?

— J'enseigne la guitare, répond Bernard le plus simplement du monde.

Le visage de Marcel passe aussitôt du blanc au rouge.

— Vous voulez dire que vous êtes pas professeur d'école.

— Pas dans une école, non. Je donne mes leçons dans un studio d'enregistrement.

— Dans un studio ?

— C'est ça, oui.

— Il me semble t'avoir dit que je voulais plus entendre parler de ça, ces maudites folies-là ! me dit Marcel. Pis tu nous as jamais dit que tu suivais des cours.

— Ça fait cinq mois, que je réponds avec défi.

— Tu veux dire que ça fait cinq mois que tu nous mens ?

— Comme vous étiez pas très ouvert à l'idée de… intervient Bernard.

— Toi, je te parle pas ! coupe Marcel en pointant le doigt vers lui.

— C'est pour ça que j'aurais aimé pouvoir parler à madame Desgagnés, dit Bernard en gardant son calme.

— T'es dans ma maison, tu sauras.

— Ce doit être aussi celle de madame Desgagnés, j'imagine ?

— Veux-tu me lâcher avec ta madame Desgagnés. Elle est dans son bain et elle veut rien savoir de tes histoires. André a pas le temps de suivre des cours de guitare. Et si jamais il échoue son année, je vais savoir qui aller voir.

— J'ai au-dessus de quatre-vingt dans toutes les matières depuis le début de l'année, dis-je en m'interposant. On peut pas dire que la guitare a nui à mes études !

— Non, mais on peut supposer que si t'avais pas perdu ton temps avec ces niaiseries-là, c'est des quatre-vingt-dix que t'aurais eus.

— Ben oui, dis-je avec humeur. Et si je perdais pas mon temps avec toi, j'aurais des cent partout.

Marcel voit rouge. Il veut sauter sur moi, mais Bernard s'interpose. Et la bagarre éclate. Ils échangent quelques claques à mains ouvertes que chacun réussit à parer avec son bras.

Les cheveux tout mouillés, dégoulinante sous son peignoir de ratine, ma mère entre dans le salon en criant.

— Arrêtez ! Arrêtez !

Mais ils ne l'entendent pas, trop occupés à esquiver les coups.

— Allez-vous arrêter ? répète ma mère en se plantant entre eux.

Ils reculent d'un pas puis baissent les bras.

— C'est qui, lui ? demande ma mère en désignant Bernard.

J'hésite un moment. Je ne suis pas certain qu'elle encaisserait le coup si je lui répondais que c'est son frère, revenu d'entre les morts.

— C'est... Bernard Gravel, mon prof de guitare, dis-je simplement.

Ma mère l'étudie un moment puis se tourne vers Marcel.

— Qu'est-ce qui se passe ?

— Imagine-toi donc que ton fils suit des cours de guitare en cachette depuis le début de l'année scolaire. Ses soirées de rattrapage, c'était des menteries. Y est jamais allé là de sa vie.

Ma mère m'interroge du regard.

— C'est vrai, dis-je en baissant les yeux.

J'aimerais bien que Bernard intervienne, mais il ne bronche pas. Sans doute est-il figé par l'émotion de revoir sa petite sœur après toutes ces années. Je sens que, même s'il voulait parler, rien d'autre que des sanglots ne sortirait de sa bouche.

Ma mère revient à Bernard, qui lui sourit tristement. Elle le regarde fixement puis elle plisse les yeux. Je sais qu'elle vient de le reconnaître. Les traits de son visage se tendent et son corps tout entier se raidit.

Pendant ce temps, Marcel continue de s'énerver.

— Ça, c'est son professeur, dit-il sur un ton arrogant. Voir si on va laisser notre André entre les mains d'un gars qu'on connaît même pas.

— Marcel… souffle ma mère sans le regarder.

— Rien qu'à voir, on voit bien que ce gars-là prend de la drogue. Regarde-lui les yeux, cernés, pochés. C'est pas un sportif certain !

— Marcel… répète ma mère sans quitter Bernard des yeux.

— Y viendra pas se mêler de nos affaires dans notre maison certain ! Ça prend quand même un maudit baveux pour nous relancer jusqu'ici. Chez nous.

— Marcel ! crie ma mère, exaspérée.

Surpris, Marcel se la ferme.

Ma mère et Bernard se regardent maintenant intensément, laissant les larmes brûler la peau de leur visage. J'imagine que leur jeunesse commune leur remonte à l'esprit. Que des milliers de souvenirs se bousculent dans leurs têtes. Qu'ils se débattent avec les odeurs, les couleurs et les décors de leur enfance.

Ils ont vécu douze ans ensemble, partagé les mêmes parents, la même maison, les mêmes voisins et la même école.

Je sais qu'ils s'aimaient bien malgré leurs chicanes et que ma mère est la personne dont Bernard s'est le plus inquiété de toute sa vie.

Je sais aussi que ma mère, même à douze ans, avait compris pourquoi son grand frère était parti et qu'elle attendait la première occasion de pouvoir l'imiter.

Je sais plein de choses, même si personne ne m'a rien dit. Parce que je les connais assez bien tous les deux pour deviner ce qu'on m'a caché.

Marcel se remet à cracher son venin. Bernard doit se dire que ça n'a pas de sens que sa petite sœur vive avec ce con-là. Ce n'est pas possible que la fille pleine de vie, indépendante et toujours joyeuse avec qui il a été élevé se soit amourachée d'un clown pareil. Je suis certain qu'il ne comprend pas, parce que même moi, qui vis avec elle depuis plus de quinze ans, ça me dépasse.

— Parce que ça fait de la musique, ça pense que ça a tous les droits, continue Marcel. Même celui de remplacer les parents. Ça se permet de…

— Va-t'en, Marcel… dit ma mère tout doucement.

Il n'a pas entendu et continue sur sa lancée.

— ... rentrer chez le monde avec la tête haute comme un pape. Et ça vient…

— Va-t'en, Marcel, répète ma mère un peu plus fort.

— ... faire on sait pas trop quoi, nous dire comment élever nos enfants peut-être. Je voudrais bien voir ça, moi. Je te dis que…

— Marcel ! Je t'ai demandé de t'en aller ! crie ma mère en se tournant vers lui. Ferme-la et va-t'en !

Ce doit être la première fois qu'elle lui parle sur ce ton, car il rougit du coup et se fige sur place. On dirait qu'il va exploser. Il choisit plutôt d'attraper son manteau qui traîne sur le dossier du fauteuil et de sortir sans dire un mot.

Il claque la porte si fort que le cadre avec la photo de Maurice Richard qu'il avait accroché au-dessus de la télé tombe et se brise sur le plancher.

On dirait que ma mère et Bernard n'attendaient que ça pour sauter dans les bras l'un de l'autre. Et ça prendra bien du temps avant que leurs sanglots se calment et qu'ils puissent dire quelque chose. Et ce quelque chose, ce sera la dizaine de « pardonne-moi » que Bernard murmurera à l'oreille de ma mère.

Je déciderai alors de les laisser seuls pour que leurs retrouvailles soient autre chose qu'un spectacle à mon attention.

▲ ▲ ▲

En retrouvant son frère, ma mère avait aussi retrouvé son nom et sa fierté. Quand Marcel est rentré, il a compris que son cirque était terminé. Elle avait mis toutes ses affaires dans des sacs à ordures, tout près de la porte, avec un message écrit en gros sur une feuille de papier ligné : *C'est fini !*

De notre chambre, nous l'avons, mon frère et moi, entendu sacrer puis supplier ma mère, qui l'a menacé d'appeler la police s'il refusait de partir.

Il a claqué la porte pour la deuxième fois ce soir-là, mais son cadre de Maurice Richard était déjà en morceaux dans l'un de ses sacs verts.

Après, ma mère a beaucoup pleuré. J'ai compris cette nuit-là que l'amour, ce n'est pas toujours comique. Et que ce n'est surtout jamais simple. On peut aimer quelqu'un et ne plus vouloir vivre avec. Ou accepter de dormir avec quelqu'un qui nous fait du mal.

L'important, c'est qu'on ne revoie plus jamais Marcel. C'est triste pour ma mère, qui a perdu son amoureux, mais chaque jour est une fête pour mon petit frère et pour moi depuis qu'il n'est plus là.

Bernard et ma mère ont beaucoup parlé. D'abord de leurs vies. Ils avaient plusieurs années à rattraper. Mais aussi de moi. Je crois qu'elle a compris que j'avais un certain talent pour la musique. Ce qui fait qu'elle m'a donné la permission de faire la tournée avec Richard Bélanger… à la condition que je lui fournisse des billets pour la première.

▲ ▲ ▲

On est au mois de mai, mais on se croirait en été dans la baie de Tadoussac déjà remplie de touristes français.

Mylène, ma mère et mon petit frère sont venus avec Bernard et Francine – dont la bedaine a encore grossi. Moi, j'ai préféré faire le voyage avec Gerry, notre éclairagiste, dans le camion qui transporte notre équipement.

On nous a réservé une chambre à l'Hôtel Tadoussac et j'ai l'impression de vivre dans un rêve. Même si je suis très nerveux.

Je croyais que la vue des baleines, au large cet après-midi, me calmerait. Mais non. J'ai des fourmis dans les jambes et le ventre qui me gargouille.

La salle n'est pas très grande, mais elle est déjà pleine à craquer. Le spectacle ne débute pourtant que dans deux heures.

Il y a longtemps que je n'ai vu ma mère si heureuse. Elle et Mylène semblent devenues de bonnes copines. Je pense qu'elles sont toutes les deux pas mal fières de moi. Et elles ne m'ont pas encore entendu jouer…

Ma mère s'est assise au premier rang et je trouve ça intimidant. Je ne voudrais surtout pas la décevoir.

Ce spectacle-là, je vais le faire pour elle. Richard m'a même promis de le lui dédier.

Derrière le rideau de scène, je me suis trouvé un petit trou pour l'espionner. Mylène et Francine l'ont rejointe. Il y a déjà deux gars qui tournent autour d'elles. Mais je sais que ma mère n'est pas pressée de reprendre une vie de couple. Et ce n'est pas moi qui vais lui pousser dans le dos.

▲ ▲ ▲

Bernard, Richard et le reste du groupe sortent de la loge. Richard me fait signe de me joindre à eux pour le cocus. Nous nous penchons tous les uns sur les autres comme une équipe de football. Je m'attends à quelque chose de très sérieux, mais j'assiste plutôt à un feu croisé de blagues et de taquineries. Je me demande même s'ils ne font pas tout ce cirque pour se moquer des cocus de Céline Dion…

L'heure du grand départ approche et je n'arrive pas à croire que j'ai pu me rendre jusqu'ici en si peu de temps. Je sais que je le dois à Bernard. Je voudrais le lui dire, là, juste avant d'entrer sur scène. Nous nous contentons d'une accolade.

— Es-tu prêt pour le grand saut ? me demande Richard avec son sourire d'enfant.

— Ouais. Et je suis content de le faire avec toi.

Bélanger me regarde longuement. Il y a dans ses yeux une lueur étrange, comme si à travers moi il revivait sa jeunesse. Il s'approche de moi et me frappe l'épaule.

— Moi aussi, j'suis content, André. Ben content !

AS-TU LU LES AUTRES ROMANS
D'ALAIN BEAULIEU?

Le père des jumeaux Jade et Jonas Jolicœur a disparu au cours d'une mission de paix en Orientie. Grâce à un étrange personnage tout droit sorti d'une bande dessinée et à une fée exécrable haute comme trois pois, les deux enfants tenteront l'impossible afin de retrouver leur père.

En compagnie de Jack Poissant, de leur grand-mère Jeannette et de Madame Soleil, une mystérieuse prêtresse vaudou, les adolescents parcourront les rues à la recherche de leurs parents et de leur petite sœur adoptive, enlevés par des mercenaires. Lancés aux trousses de terribles truands, les jumeaux devront faire face à bien des épreuves pour retrouver ceux qui leur sont chers, sans pour autant y laisser leur peau.

Depuis leur retour d'Haïti, Jade et Jonas n'ont pas retrouvé le sourire. Pas plus que leur apparence normale, d'ailleurs... Désespérés, les jumeaux se raccrochent néanmoins à un mince espoir: la Bultiti, une plante rare qui pourrait permettre à Madame Soleil de leur concocter une potion magique. Mais c'est qu'elle pousse très loin, cette fameuse plante miracle...

Photo : © Martine Doyon

ALAIN BEAULIEU

Écrivain et professeur de création littéraire à l'Université Laval, Alain Beaulieu est surtout connu comme romancier. Il compte à son actif cinq romans pour les adultes ainsi que quatre romans pour les jeunes, dont les romans de la série *Jade et Jonas*. Avec *Le Solo d'André*, il a su doser rêve et réalité afin de permettre au lecteur de découvrir le monde des musiciens professionnels, un monde exigeant et exaltant. Rythmée comme un bon rock, l'histoire d'André touche par les épreuves qui la jalonnent et les espoirs qui la transforment.

Achevé d'imprimer au Canada
sur papier Enviro 100% recyclé
sur les presses de Imprimerie Lebonfon Inc.

100%

BIO GAZ ÉNERGIE